Mr. Nivid Dipakkumar Koradiya
Ms. Nidhi K. Valand
Dr. Abhishek R. Mehta

SWAPNA AI

Mr. Nivid Dipakkumar Koradiya
Ms. Nidhi K. Valand
Dr. Abhishek R. Mehta

SWAPNA AI

Simplificando o processamento de dados com tokens personalizáveis

ScienciaScripts

Imprint

Any brand names and product names mentioned in this book are subject to trademark, brand or patent protection and are trademarks or registered trademarks of their respective holders. The use of brand names, product names, common names, trade names, product descriptions etc. even without a particular marking in this work is in no way to be construed to mean that such names may be regarded as unrestricted in respect of trademark and brand protection legislation and could thus be used by anyone.

Cover image: www.ingimage.com

This book is a translation from the original published under ISBN 978-620-7-63907-6.

Publisher:
Sciencia Scripts
is a trademark of
Dodo Books Indian Ocean Ltd. and OmniScriptum S.R.L publishing group

120 High Road, East Finchley, London, N2 9ED, United Kingdom
Str. Armeneasca 28/1, office 1, Chisinau MD-2012, Republic of Moldova, Europe
Printed at: see last page
ISBN: 978-620-7-62097-5

Copyright © Mr. Nivid Dipakkumar Koradiya, Ms. Nidhi K. Valand, Dr. Abhishek R. Mehta
Copyright © 2024 Dodo Books Indian Ocean Ltd. and OmniScriptum S.R.L publishing group

SWAPNA AI: Simplificar o processamento de dados com tokens personalizáveis

Sr. Nivid Dipakkumar Koradiya
Nidhi Kamleshbhai Valand
Dr. Abhishek Rajeshkumar Mehta
Dr. Priya R. Swaminarayan

Índice

1. <u>ACKWOLEGEMENT</u>

Quero expressar a minha sincera gratidão a todos os que me apoiaram na criação deste livro. À minha família e amigos, obrigada pela vossa paciência e encorajamento ao longo desta jornada. O meu mais profundo apreço vai para o meu editor, cujos conhecimentos e orientação foram inestimáveis. Finalmente, para si, o leitor, obrigada por ter pegado neste livro. Espero que lhe traga tanta alegria como me trouxe a mim escrevê-lo.

2.   PERFIL DO PROJECTO

2.1 Definição do projeto:

A definição do projeto proposta é *SWAPNA AI (Secure Web Application For Prediction and Analysis)*.

2.2 Descrição do projeto:

O SWAPNA AI é uma aplicação Web Django intuitiva e rica em funcionalidades, concebida para simplificar as tarefas de processamento de dados. Com uma interface de fácil utilização, permite aos utilizadores carregar facilmente ficheiros CSV e aplicar tokens especializados conhecidos como "unitoks" para previsão, análise e visualização de dados. A aplicação vem equipada com uma variedade de unitoks padrão, e os utilizadores podem até comprar unitoks personalizados para satisfazer as suas necessidades específicas de processamento de dados. Para utilizar os unitoks, os utilizadores podem gerir a sua carteira de unitok, verificando o saldo e recarregando-o de forma segura utilizando a plataforma de recarga integrada. A SWAPNA AI visa melhorar a eficiência do tratamento de dados e proporcionar uma experiência perfeita para os utilizadores que se envolvem em actividades centradas em dados.

2.3 Sistema existente / Ambiente de trabalho:

Antes do desenvolvimento do *SWAPNA AI*, as tarefas de processamento de dados na organização eram essencialmente efectuadas manualmente. Os utilizadores tinham de introduzir manualmente os dados em folhas de cálculo ou bases de dados, o que era um processo moroso e propenso a erros. A análise e a visualização dos dados exigiam ferramentas de software adicionais, o que conduzia a ineficiências e a um fluxo de trabalho fragmentado.

Além disso, a ausência de um sistema dedicado baseado em unidades para o processamento de dados significava que os utilizadores tinham opções limitadas para automatizar as operações de dados, levando a uma falta de flexibilidade e personalização no tratamento de vários tipos de dados.

Além disso, a gestão das despesas de processamento de dados era um desafio, uma vez que não existia um sistema de carteira centralizado. Os utilizadores tinham de efetuar recargas através de plataformas de pagamento separadas, o que aumentava a complexidade do processo.

De um modo geral, o sistema existente não dispunha de uma abordagem simplificada e convivial para o tratamento dos dados, o que resultava numa redução da produtividade e num aumento das probabilidades de imprecisão dos dados.

A SWAPNA AI colmata estas deficiências fornecendo uma aplicação Web abrangente que integra todas as funcionalidades de processamento de dados num único local. A introdução de unitoks e da carteira unitok simplifica o processamento de dados, automatiza tarefas repetitivas e permite aos utilizadores gerir os seus dados de forma mais eficiente. Esta solução moderna aumenta a capacidade da organização para lidar eficazmente com tarefas relacionadas com dados e dá aos utilizadores uma plataforma intuitiva e poderosa para o processamento e análise de dados.

2.4 Declaração de problemas:

- Processamento ineficiente de dados: O sistema atual não dispõe de um método eficiente de processamento de dados, baseando-se na introdução manual de dados e em ferramentas de software díspares para análise e visualização. Isto leva a processos morosos, inconsistências de dados e produtividade reduzida.

- Opções limitadas de processamento de dados: Os utilizadores enfrentam limitações na automatização das operações de dados devido à ausência de um sistema especializado baseado em fichas.

- Gestão de despesas complexa: A gestão das despesas de processamento de dados é complicada, uma vez que não existe um sistema de carteira integrado. Os utilizadores têm de recarregar as suas contas através de plataformas de pagamento separadas, o que conduz a complexidades acrescidas e a potenciais desafios contabilísticos.

- Insights de dados limitados: O sistema existente não possui funcionalidades de visualização de dados, o que torna difícil para os utilizadores obterem informações valiosas a partir dos seus dados processados. Este facto dificulta a tomada de decisões eficazes e as estratégias baseadas em dados.

- Experiência inadequada do utilizador: A interface do utilizador do sistema atual pode não ser de fácil utilização, conduzindo a uma curva de aprendizagem acentuada e a potenciais dificuldades na adoção eficaz do sistema.

- Preocupações com a segurança dos dados: A segurança e a privacidade dos dados podem estar em risco devido ao tratamento manual dos dados e a potenciais violações de dados na ausência de um sistema de processamento de dados seguro e centralizado.

- Problemas de escalabilidade: À medida que o volume de dados aumenta, o sistema atual pode enfrentar desafios de escalabilidade, resultando num desempenho mais lento e em capacidades limitadas de processamento de dados.

- Desafios de integração: O sistema atual pode não ter uma integração perfeita com ferramentas ou serviços externos, o que dificulta aos utilizadores a utilização de recursos adicionais para um melhor processamento e análise dos dados.

2.5 Necessidade de um novo sistema:

- Melhorar a eficiência do processamento de dados com fluxos de trabalho automatizados: A atual introdução manual de dados e o processamento no sistema existente conduzem a ineficiências e a tarefas morosas. Os fluxos de trabalho automatizados da SWAPNA AI alimentados por unitoks aumentam significativamente a velocidade e a precisão do processamento de dados.

- Simplifique a gestão de despesas utilizando a integração da carteira unitok e da plataforma de recarga: Na ausência de uma carteira centralizada, a gestão das despesas de processamento de dados torna-se um desafio. A carteira unitok da SWAPNA AI, integrada com uma plataforma de recarga, simplifica o controlo de despesas e a recarga.

- Fornecer visualização de dados para obter informações valiosas: O sistema atual não possui capacidades de visualização de dados, o que dificulta a tomada de decisões eficazes. O novo sistema permite que os utilizadores disponham de ferramentas de visualização de dados para obterem informações valiosas a partir dos dados processados.

- Melhorar a experiência do utilizador com uma interface intuitiva: A experiência do utilizador pode ser prejudicada devido a uma interface não fácil de utilizar no sistema atual. O SWAPNA AI privilegia um design intuitivo para garantir que os utilizadores possam navegar facilmente e utilizar a aplicação de forma eficaz.

- Garantir a segurança e a privacidade dos dados num ambiente centralizado: O tratamento manual de dados no sistema existente suscita preocupações relativamente à segurança dos dados. O ambiente centralizado do SWAPNA AI garante a confidencialidade e integridade dos dados, reduzindo o risco de violações de dados.

- Lidar com grandes volumes de dados com escalabilidade e desempenho ótimo: À medida que o volume de dados aumenta, o desempenho do sistema atual pode ser afetado. O novo sistema foi concebido para lidar com grandes conjuntos de dados de forma eficiente, garantindo um desempenho e uma escalabilidade óptimos.

- Permitir a personalização e a flexibilidade com a criação de unitok personalizados: A falta de opções de personalização no sistema existente restringe a capacidade dos utilizadores de adaptarem o processamento de dados. Este sistema permite que os utilizadores criem unitoks personalizados, oferecendo maior flexibilidade nas operações de dados.

2.6 Sistema proposto e características:

- Autenticação e verificação de contas: A SWAPNA AI garante processos seguros de registo e início de sessão de utilizadores, com medidas de verificação de contas para proteger dados sensíveis e proporcionar um ambiente de confiança aos utilizadores.

- Recarregamento da carteira Unitok: Com a SWAPNA AI, os utilizadores podem recarregar convenientemente as suas carteiras Unitok utilizando vários métodos de pagamento, garantindo o acesso contínuo a capacidades avançadas de processamento de dados e a um fluxo de trabalho ininterrupto.

- Gestão e carregamento de ficheiros CSV: A aplicação permite aos utilizadores carregar facilmente ficheiros CSV, com validação de dados incorporada para garantir a integridade dos dados, minimizando os erros durante a fase de processamento.

- Criação de modelos de IA: O SWAPNA AI permite que os utilizadores criem modelos de IA personalizados, adaptados aos seus dados CSV específicos. Esta funcionalidade permite a análise avançada de dados, a modelação preditiva e o reconhecimento de padrões para uma melhor tomada de decisões.

- Visualização de dados: Aproveitando o poder da visualização de dados, o SWAPNA AI fornece aos utilizadores gráficos interactivos e dinâmicos, gráficos e representações visuais dos seus dados processados. Isto permite que os utilizadores obtenham informações valiosas e comuniquem as conclusões de forma eficaz.

- Recuperação de resultados de modelos: Os utilizadores podem aceder e interpretar facilmente as saídas e os resultados gerados pelos seus modelos de IA treinados. Esta funcionalidade garante uma compreensão clara das previsões do modelo e facilita as estratégias baseadas em dados.

- Colaboração e partilha: A aplicação facilita a colaboração entre utilizadores, permitindo-lhes partilhar conjuntos de dados, modelos de IA e visualizações com colegas de equipa ou partes interessadas. Isto promove o trabalho em equipa e o intercâmbio de conhecimentos, melhorando a perceção colectiva dos dados.

2.7 Âmbito do projeto :

- Processamento e análise de dados: A aplicação englobará um vasto conjunto de funcionalidades de processamento de dados, tirando partido de tokens especializados para a manipulação, agregação e transformação eficientes de dados. Os utilizadores poderão criar modelos de IA personalizados para realizar análises de dados avançadas e modelação preditiva.

- Gestão e segurança dos utilizadores: A aplicação incluirá um sistema de autenticação robusto, garantindo o registo seguro do utilizador, o início de sessão e a verificação da conta. Para proteger os dados sensíveis, serão utilizados mecanismos de encriptação e de controlo do acesso.

- Escalabilidade e desempenho: O projeto será concebido para lidar com grandes conjuntos de dados e acomodar uma base de utilizadores crescente, garantindo um desempenho e uma capacidade de resposta óptimos à medida que o volume de dados e as exigências dos utilizadores aumentam.

- Experiência do utilizador (UX): A ênfase será colocada numa interface intuitiva e de fácil utilização para melhorar a experiência geral do utilizador. Um painel de controlo personalizável permitirá aos utilizadores organizar e aceder eficazmente aos seus ficheiros, modelos e visualizações carregados.

- Actualizações e manutenção contínuas: As actualizações e a manutenção contínuas serão uma prioridade, garantindo que a aplicação se mantém actualizada com as mais recentes tecnologias de processamento de dados e de IA. As características existentes serão aperfeiçoadas e novas funcionalidades serão introduzidas conforme necessário.

2.8 Ferramentas e tecnologias utilizadas :

- Linguagem de Programação **Python**: Python serve como a linguagem de programação principal para a construção do SWAPNA AI. A sua legibilidade, versatilidade e suporte extensivo de bibliotecas tornam-na uma escolha ideal para o desenvolvimento de aplicações Web.

- **HTML, CSS e JavaScript**: O front-end do SWAPNA AI é criado utilizando HTML para a estrutura, CSS para o estilo e JavaScript para a interatividade. Em conjunto, estas tecnologias Web criam uma interface de fácil utilização e visualmente apelativa.

- **Bibliotecas de processamento de dados**: Para implementar as funcionalidades de processamento de dados, o SWAPNA AI utiliza várias bibliotecas Python, tais como NumPy, Pandas e Scikit-learn. Estas bibliotecas oferecem ferramentas poderosas para manipulação de dados, análise e aprendizagem automática.

- **Bibliotecas de visualização de dados:** Para a visualização de dados, o projeto incorpora bibliotecas como Matplotlib e Seaborn. Estas bibliotecas permitem a criação de tabelas, gráficos e outras visualizações para representar efetivamente os dados processados.

- **Ferramentas de autenticação e segurança:** O sistema de autenticação integrado do Django é aproveitado para gerir o registo do utilizador, o login e a segurança. Além disso, os protocolos SSL/TLS são implementados para garantir a transmissão segura de dados pela rede.

- **Gestão de bases de dados**: A aplicação utiliza um sistema de gestão de bases de dados, como o PostgreSQL ou o MySQL, para armazenar os dados dos utilizadores, os ficheiros CSV carregados e outras informações relevantes.

- **Controlo de versões**: Um sistema de controlo de versões como o Git é utilizado para acompanhar as alterações na base de código, facilitar a colaboração entre os programadores e gerir diferentes ramos do projeto.

- **Ferramentas de integração contínua/implantação contínua (CI/CD)**: As ferramentas CI/CD, como Jenkins ou GitLab CI, podem ser utilizadas para automatizar o processo de teste e implementação, garantindo que a aplicação se mantém actualizada e sem erros.

- **Gateway de pagamento Razorpay**: Para transacções perfeitas e seguras durante as recargas de carteira, a SWAPNA AI integra-se com o Razorpay, um popular gateway de pagamento que suporta vários métodos de pagamento, garantindo uma experiência de utilizador tranquila.

- **Serviços de nuvem do Azure**: A aplicação está alojada na plataforma de nuvem do Azure, tirando partido da sua infraestrutura escalável, das funcionalidades de segurança robustas e do armazenamento de dados fiável para garantir uma elevada disponibilidade e um desempenho ótimo.

3. ANÁLISE DE REQUISITOS

3.1 Estudo de viabilidade:

3.1.1 **Viabilidade técnica**: A viabilidade técnica do SWAPNA AI é muito elevada. O projeto utilizará tecnologias bem estabelecidas, como a *estrutura web Django*, a linguagem de programação Python e bibliotecas de processamento de dados como NumPy e Pandas. A visualização de dados será facilitada pelo Matplotlib e pelo Seaborn. A integração com os serviços em nuvem do Azure garante uma infraestrutura *escalável* e um armazenamento de dados fiável. A disponibilidade e a compatibilidade destas tecnologias tornam o projeto tecnicamente viável.

3.1.2 **Viabilidade de mercado**: A SWAPNA AI responde à crescente procura de ferramentas eficientes de processamento de dados e de modelação de IA. Com as empresas a dependerem cada vez mais de *informações baseadas em dados*, a viabilidade de mercado do projeto é promissora. Uma análise abrangente do mercado mostra uma perspetiva favorável, indicando uma base de utilizadores potencial e *a procura das características* e funcionalidades *da aplicação*.

3.1.3 **Viabilidade financeira**: A viabilidade financeira do projeto é positiva. Embora os custos iniciais de desenvolvimento sejam incorridos, podem ser gerados fluxos de receitas através de Unitoks e taxas de transação de recargas de carteira. Os cálculos financeiros indicam que os benefícios do projeto superam os custos, conduzindo a uma potencial rentabilidade dentro de um prazo razoável.

3.1.4 **Viabilidade operacional**: A viabilidade operacional do projeto é elevada. O SWAPNA AI pode ser perfeitamente integrado nos fluxos de trabalho de processamento de dados existentes e acedido através de navegadores Web. A interface de fácil utilização e o painel de instrumentos personalizável da aplicação garantem uma adoção fácil por parte de utilizadores com diferentes níveis de conhecimentos técnicos.

3.1.5 **Viabilidade legal e ética**: A SWAPNA AI cumpre todos os regulamentos legais e leis de privacidade de dados relevantes. *Os dados dos utilizadores serão tratados de forma segura e transparente*, respeitando as normas éticas de proteção e privacidade dos dados.

3.2 Descrição do utilizador:

O utilizador cliente da SWAPNA AI é um indivíduo ou uma equipa de uma organização que procura uma *solução de processamento de dados e de modelação de IA* eficiente e fácil de utilizar. O utilizador cliente é alguém que lida com grandes volumes de dados e necessita de uma plataforma simplificada para os processar, analisar e visualizar eficazmente. Podem ter vários níveis de conhecimentos técnicos, desde analistas de dados e cientistas de dados a profissionais de negócios e decisores.

- **Registo do utilizador**: Os clientes começam por se registar na plataforma SWAPNA AI. Fornecem os dados essenciais e criam as suas contas, o que pode implicar um processo de verificação por motivos de segurança.

- **Carregamento de ficheiros CSV**: Depois de iniciarem sessão, os clientes podem carregar facilmente os seus ficheiros CSV que contêm os dados que pretendem processar e analisar. A aplicação efectua a validação dos dados para garantir a exatidão e a integridade dos dados carregados.

- **Processamento de dados**: Uma vez carregados os ficheiros CSV, os clientes podem selecionar a partir de uma gama de tokens específicos denominados "unitoks" para executar várias tarefas de processamento de dados. Podem aplicar unitoks para limpeza de dados, filtragem, agregação, transformação e muito mais, à medida das suas necessidades.

- **Criação de modelos de IA**: Os clientes com interesse em ciência de dados têm a opção de criar modelos de IA utilizando as funcionalidades de criação de modelos de IA da aplicação. Podem treinar e avaliar algoritmos de aprendizagem automática para obter resultados preditivos a partir dos seus conjuntos de dados.

- **Visualização**: Os clientes podem aproveitar as ferramentas de visualização de dados fornecidas pela SWAPNA AI para criar tabelas informativas, gráficos e representações visuais dos seus dados processados. Este passo ajuda-os a obter informações valiosas e a comunicar eficazmente as conclusões às partes interessadas nos seus dados.

- **Gestão da carteira**: Se os clientes desejarem aceder a características premium ou utilizar funcionalidades avançadas, podem gerir a sua carteira unitok. A aplicação permite-lhes recarregar a carteira de forma segura utilizando métodos de pagamento integrados como o Razorpay.

- **Aprendizagem e feedback contínuos**: Uma vez que a SWAPNA AI *introduz* regularmente *actualizações* e melhorias, os clientes mantêm-se actualizados sobre as mais recentes funcionalidades e tecnologias. Envolvem-se como aprendizes contínuos para maximizar o potencial da aplicação. Além disso, os clientes podem fornecer feedback para ajudar a gestão de desenvolvimento a melhorar ainda mais a aplicação.

3.3 Módulos do sistema:

3.3.1 Segurança e autenticação:

- Gere a autenticação do utilizador e o processo de início de sessão de forma segura.
- Implementa o controlo de acesso para garantir interacções autorizadas dos utilizadores.
- Armazena e protege as informações da conta do utilizador com encriptação.
- Permite funcionalidades como a reposição da palavra-passe e a verificação da conta.

3.3.2 Limpeza de dados:

- Fornece aos utilizadores funcionalidades de manipulação direta de dados.
- Inclui operações de limpeza, filtragem e agregação de dados, num só clique.
- Utiliza bibliotecas Python como NumPy e Pandas para maior eficiência.
- Lida eficazmente com grandes conjuntos de dados para garantir a precisão da limpeza.

3.3.3 Modelação:

- Integra bibliotecas de aprendizagem automática para melhorar os resultados (por exemplo, Scikit-learn, TensorFlow).
- Permite aos utilizadores criar, treinar e testar modelos de IA online.
- Potencia as capacidades de análise de dados e de previsão.
- Apoia a tomada de decisões com base em informações orientadas por dados dos clientes.

3.3.4 Visualização de dados:

- Gera tabelas e gráficos interactivos para visualização de dados.
- Utiliza bibliotecas de visualização como Matplotlib ou outras bibliotecas disponíveis.
- Oferece visualizações personalizáveis para uma interpretação visual eficaz.
- Permite aos utilizadores explorar e compreender visualmente os seus dados.

3.3.5 Gestão da carteira Unitok:

- Facilita a segurança e a gestão dos Unitoks.
- Integra um gateway de pagamento (por exemplo, Razorpay) para transacções de recarga.
- Permite aos utilizadores recarregar a carteira e aceder a funcionalidades

premium que requerem unitoks.

- Assegura interacções financeiras perfeitas no âmbito da aplicação.

3.3.6   Mailer (Mails do sistema):

- Implementa um sistema de notificação por correio eletrónico para comunicação com o utilizador.

  - Envia e-mails gerados pelo sistema para eventos urgentes (por exemplo, verificação da conta, reposição da palavra-passe, actualizações de transacções).

    - Melhora o envolvimento dos utilizadores e mantém-nos informados sobre as actividades da aplicação.

- Apoia a comunicação eficaz e as actualizações na comunidade de clientes e programadores.

3.4 Requisitos de software e hardware:

3.4.1   Utilização do servidor:

Requisitos de software	Descrição
Sistema operativo	Windows, macOS, distribuições Linux
Servidor Web	Apache, Nginx
Linguagem de programação	Python 3.x
Estrutura Web	Django
Estrutura de front-end	React, Angular, Vue.js
Sistema de gestão de bases de dados	PostgreSQL, MySQL, SQLite
Bibliotecas de aprendizagem automática	Scikit-learn, TensorFlow, PyTorch
Bibliotecas de visualização de dados	Matplotlib, , D3.js
Compatibilidade do sistema operativo	Hardware compatível com o sistema operativo escolhido sistema

Tabela 1 - Requisitos de software do servidor

Requisitos de hardware	Descrição
Processador	Processador multi-core moderno (por exemplo, Intel Core i5 ou equivalente)
RAM	Mínimo de 8 GB de RAM
Armazenamento	Pelo menos 256 GB de espaço de armazenamento

Unidade de processamento gráfico	NVIDIA GeForce, AMD Radeon (opcional, para treino acelerado de modelos de IA)
Conectividade de rede	Ligação estável à Internet
Compatibilidade do sistema operativo	Hardware compatível com o sistema operativo escolhido sistema

Tabela 2 - Requisitos de hardware do servidor

3.4.2 Lado do cliente:

Requisitos de software	Descrição
Navegador Web	Navegador Web moderno (por exemplo, Google Cromado, Mozilla Firefox, Microsoft Edge, Safari)
Sistema operativo	Windows, macOS, Linux
Ligação à Internet	Ligação estável à Internet

Tabela 3 - Requisitos de software do cliente

Requisitos de hardware	Descrição
Computador ou dispositivo móvel	Computador de secretária, computador portátil, tablet ou smartphone
Processador e RAM	Processador padrão e capacidade mínima de RAM
Espaço de armazenamento	Armazenamento local adequado para a utilização normal do dispositivo (o processamento e o armazenamento de dados ocorrem no servidor)
Unidade de processamento gráfico (GPU) (opcional)	GPU dedicada para um melhor desempenho durante a criação de modelos de IA (opcional, não necessário para utilização em aplicações gerais)

Tabela 4 - Requisitos de hardware do cliente

3.5 Casos de utilização:

- Carregue e processe dados CSV para gerar informações significativas.
  - Carregar CSV
  - Limpar CSV
  - Eliminar CSV
- Criar e treinar modelos de IA para análise preditiva e reconhecimento de padrões.
  - Modelo de comboio
  - Modelo de teste
- Visualize informações de dados através de gráficos interactivos.
  - Gerar imagens
  - Visuais impressos
  - Partilhar imagens
- Recarregue a carteira Unitok de forma segura e aceda a funcionalidades premium.
  - Carteira de recarga
- Receber notificações por correio eletrónico geradas pelo sistema para eventos importantes

3.6 Diagrama de casos de uso:

Fig. 1 Diagrama de casos de utilização para a IA SWAPNA

3 DESENHO

3.1 Cenários de casos de utilização:

ID do caso de utilização	UC00
Título do caso de utilização	Iniciar sessão
Actor es	Utilizadores, Swapna AI
Condições prévias	O utilizador acede à aplicação
Resultados esperados	O utilizador fornece credenciais válidas; a Swapna AI autentica o utilizador.
Pós-condições	O utilizador inicia sessão com êxito e obtém acesso ao sistema.

Tabela 5 - Cenário de casos de utilização para iniciar sessão

ID do caso de utilização	UC01
Título do caso de utilização	Registo
Actor es	Utilizadores, Swapna AI
Condições prévias	O utilizador acede à aplicação
Resultados esperados	O utilizador completa o processo de registo; a Swapna AI cria uma nova conta de utilizador.
Pós-condições	A conta do utilizador foi registada com êxito e o utilizador pode agora iniciar sessão.

Tabela 6 - Cenário de caso de utilização para a inscrição

ID do caso de utilização	UC02
Título do caso de utilização	Verificação
Actor es	Utilizadores, Serviço de correio eletrónico, Swapna AI
Condições prévias	O utilizador conclui o processo de inscrição
Resultados esperados	A Swapna AI envia um e-mail de verificação; o utilizador verifica o seu endereço de e-mail.
Pós-condições	O e-mail do utilizador é verificado e este pode aceder plenamente à aplicação.

Tabela 7 - Cenário de casos de utilização para o envio de mensagens de verificação

ID do caso de utilização	UC03
Título do caso de utilização	Recarga Unitok
Actor es	Utilizadores, Gateway de pagamento, Swapna AI
Condições prévias	O utilizador tem um saldo unitok
Resultados esperados	O utilizador inicia um recarregamento unitok utilizando uma porta de pagamento (por exemplo, Razorpay).
Pós-condições	O saldo do unitok do utilizador é atualizado após um carregamento bem sucedido.

Quadro 8 - Cenário de utilização para o Unitok Recharge utilizando RazorPay

ID do caso de utilização	UC04
Título do caso de utilização	Histórico de recarga
Actores	Utilizadores, Swapna AI
Condições prévias	O utilizador tem sessão iniciada
Resultados esperados	O utilizador acede ao seu histórico de recarregamento de unitok.
Pós-condições	O utilizador pode ver o seu histórico de recargas, incluindo datas e montantes.

Tabela 9 - Cenário de utilização do histórico de recarga da Unitok

ID do caso de utilização	UC05
Título do caso de utilização	Treinar o modelo e selecionar o algoritmo
Actores	Utilizadores, Swapna AI
Condições prévias	O utilizador carregou dados
Resultados esperados	O utilizador selecciona os dados para o treino do modelo e escolhe um algoritmo de aprendizagem automática.
Pós-condições	A Swapna AI treina um modelo com os dados e o algoritmo seleccionados.

Tabela 10 - Cenário de casos de utilização para o treino de modelos.

ID do caso de utilização	UC06
Título do caso de utilização	Prever usando o modelo Link enviado no e-mail
Actores	Utilizadores, Serviço de correio eletrónico, Swapna AI
Condições prévias	A formação de modelos está concluída
Resultados esperados	A Swapna AI envia uma mensagem de correio eletrónico com uma ligação para o utilizador; o utilizador clica na ligação para fazer previsões utilizando o modelo treinado.
Pós-condições	O utilizador acede ao modelo para previsões utilizando a ligação fornecida na mensagem de correio eletrónico.

Tabela 11 - Cenário de utilização do modelo de Previsão mailing e Previsão

ID do caso de utilização	UC07

Título do caso de utilização	Carregamento de ficheiros
Actores	Utilizadores, Swapna AI
Condições prévias	O utilizador tem sessão iniciada
Resultados esperados	O utilizador carrega um ficheiro CSV para análise ou armazenamento.
Pós-condições	O ficheiro carregado é armazenado ou analisado com sucesso.

Tabela 12 - Cenário de casos de utilização para carregamento e gestão de ficheiros

ID do caso de utilização	UC08
Título do caso de utilização	Descarregar ficheiro
Actores	Utilizadores, Swapna AI
Condições prévias	O utilizador tem sessão iniciada
Resultados esperados	O utilizador solicita e descarrega um ficheiro CSV do sistema.
Pós-condições	O utilizador descarrega com êxito o ficheiro solicitado.

Tabela 13 - Cenário de casos de utilização para o descarregamento de ficheiros

ID do caso de utilização	UC09
Título do caso de utilização	Eliminação de ficheiros
Actor es	Utilizadores, Swapna AI
Condições prévias	O utilizador tem sessão iniciada
Resultados esperados	O utilizador elimina um ficheiro CSV específico da sua conta.
Pós-condições	O ficheiro é removido da conta do utilizador.

Tabela 14 - Cenário de casos de utilização para a eliminação de ficheiros

3.2 Diagramas UML:

3.2.1 Diagrama de classes:

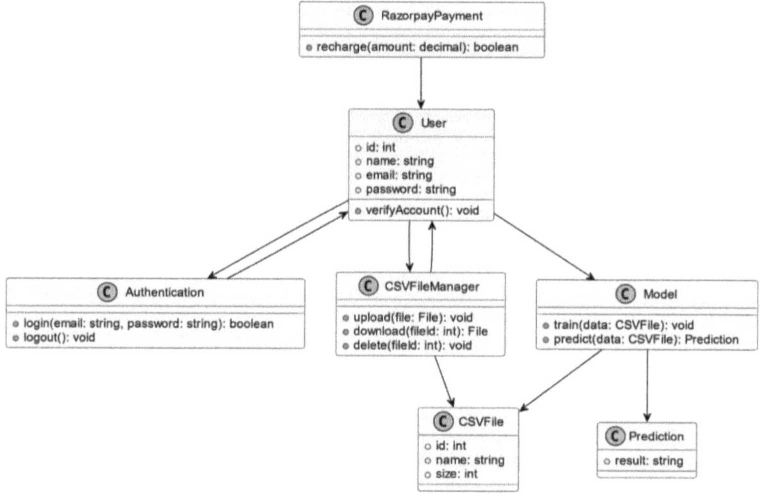

Fig 2 - Diagrama de classes

3.2.2 Diagrama de sequência:

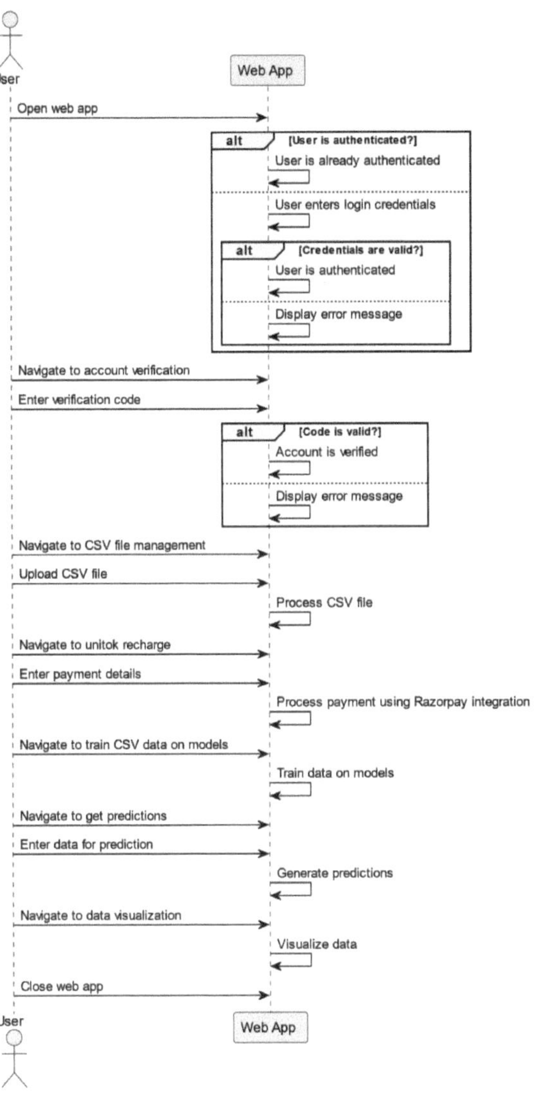

Fig 3 - Diagrama de sequência

3.2.3 Diagrama de actividades:

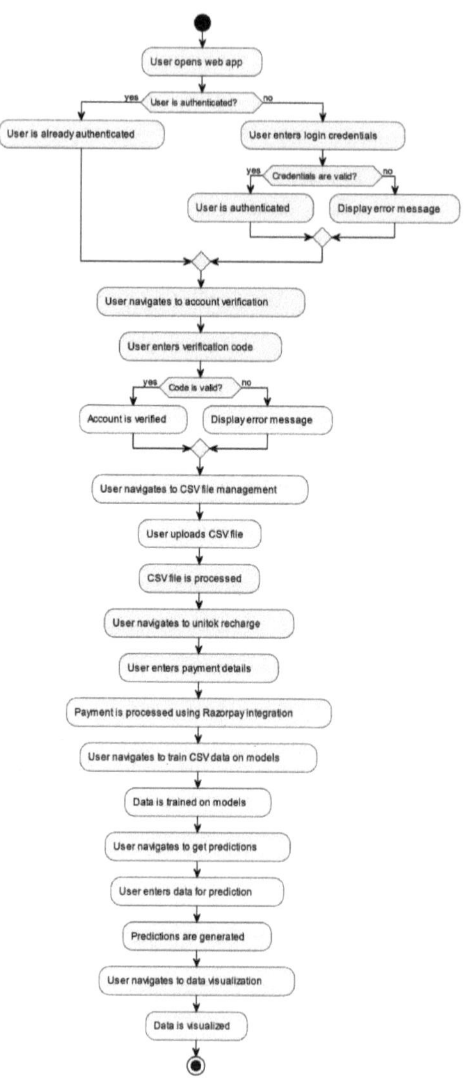

Fig 4 - Diagrama de actividades

3.2.4 Diagrama de implantação:

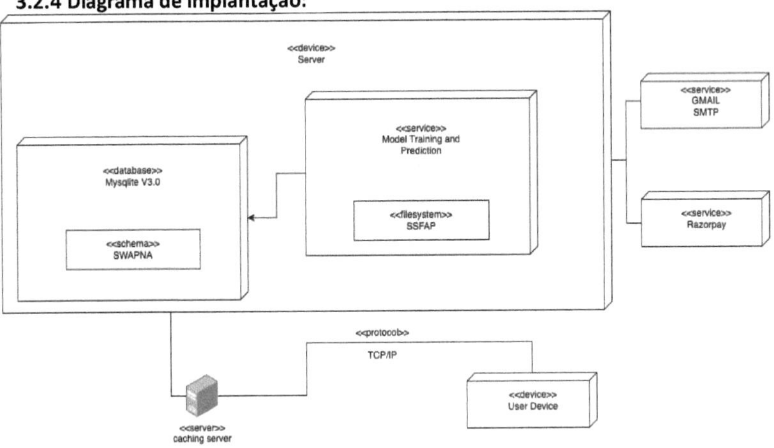

Fig 5 - Diagrama de implantação

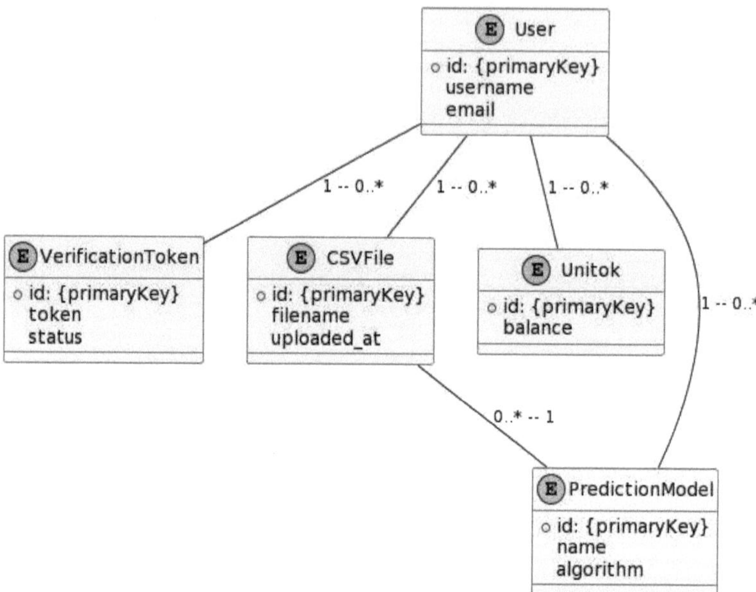

Fig 6 - Diagrama ER

3.4 Dicionários de dados:

Registos de início de sessão:

Esta tabela indica a atividade de início de sessão dos utilizadores que foi efectuada através do portal Web.

Sr. Não	Campo de dados Nome	Tipo de dados	Descrição	Dados Restrição	Exemplo
1	id	char(42)	Identificador único para o registo de início de sessão	Chave primária	"1a2b3c4d5e6f7g8h9i0j1k2l3m4n5o6"
2	utilizador	int	Referência de chave estrangeira para a tabela Utilizador	Chave estrangeira	123
3	tipo	char(500)	Tipo de início de sessão (a predefinição é "NULL")		"Com êxito"
4	origem	char(500)	Origem do início de sessão (a predefinição é "BROWSER")		"Aplicação Web"
5	carimbo de data/hora	data e hora	Data e hora do início de sessão		"2023-07-15 08:30:45"

Tabela 15 - Dicionário de dados para registos de início de sessão

Registos de correio de verificação:

Esta tabela indica os registos de verificação e outros registos de correio que são enviados pelo sistema utilizando o bot de automatização SPARK AI.

Sr. Não	Campo de dados Nome	Tipo de dados	Descrição dos dados	Dados Restrição	Exemplo
1	id	char(42)	Identificador único para o registo de correio	Chave primária	"7m6n5b4v3c2x1z0a9s8d7f6g5h4j3s"
2	mail_id	correio eletrónico	Endereço de correio eletrónico do destinatário		"example@example.com"
3	razão	char(500)	Motivo do envio do mail (a predefinição é "NULL")		"Correio eletrónico de confirmação"
4	carimbo de data/hora	data e hora	Data e hora do correio envio		"2023-07-15 10:15:30"

Tabela 16 - Dicionário de dados para registos de correio de verificação

Registos de pedidos de registo:

Esta tabela contém os registos da localização do utilizador e os dados de cabeçalho que podem ser utilizados para a investigação do cibercrime.

N.º Sr.	Campo de dados Nome	Tipo de dados	Descrição dos dados	Dados Restrição	Exemplo
1	id	char(42)	Identificador único para o registo de inscrição	Chave primária	"7m6n5b4v3c2x1z0a9s8d7f6g5h4j3"
2	dados_de_cabeçalho	texto	Dados de cabeçalho do pedido de registo		"User-Agent: Mozilla/5.0..."
3	dados_post	texto	Dados POST do pedido de registo		"username=exemplo&email=..."
4	estatuto	booleano	Estado do registo pedido		verdadeiro
5	carimbo de data/hora	data e hora	Data e hora do pedido de registo		"2023-07-15 14:20:00"

Quadro 17 - Dicionário de dados para registos de pedidos de registo

Registos de utilização do Unitok:

Esta tabela indica toda a utilização do unitok pelos vários utilizadores que fizeram o pedido de formação.

Sr. Não	Nome do campo de dados	Tipo de dados	Descrição dos dados	Dados Restrição	Exemplo
1	id	char(42)	Identificador único para o registo de utilização do unitok	Chave primária	"9a8s7d6f5g4h3j2k1l0z9x8c7v6b5"
2	utilizador	int	Referência de chave estrangeira para a tabela Utilizador	Chave estrangeira	456
3	token_quantity	int	Quantidade de fichas utilizado		10
4	descrição	char(1000)	Descrição da utilização de unitok (opcional)		"Análise de dados"
5	carimbo de data/hora	data e hora	Data e hora do unitok utilização		"2023-07-15 18:45:20"

Tabela 18 - Dicionário de dados para registos de utilização

Mesa Unitok:

Esta tabela contém toda a informação da carteira e o unitok do utilizador na carteira no tempo/estado atual.

Sr. Não	Campo de dados Nome	Tipo de dados	Descrição dos dados	Dados Restrição	Exemplo
1	id	char(42)	Identificador único para o unitok	Primário Chave	"1a2b3c4d5e6f7g8h9i0j1k2l3m4n5o6p7 q8r9s0"
2	utilizador	int	Referência de chave estrangeira para a tabela Utilizador	Estrangeiro Chave	123
3	fichas	int	Quantidade de fichas		100
4	carimbo de data/hora	data e hora	Data e hora do unitok criação		"2023-07-15 08:30:45"

Tabela 19 - Dicionário de dados para Unitoks

4. <u>IMPLEMENTAÇÃO</u>

4.1. DISPOSIÇÃO DAS FORMAS:

Esta figura indica o processo de registo do SwapnaAI e as taxas necessárias são apresentadas na imagem como nome de utilizador, palavra-passe, ID de correio eletrónico, acordo com os termos e condições e reCAPTCHA.

Fig 7 : Registo do cliente

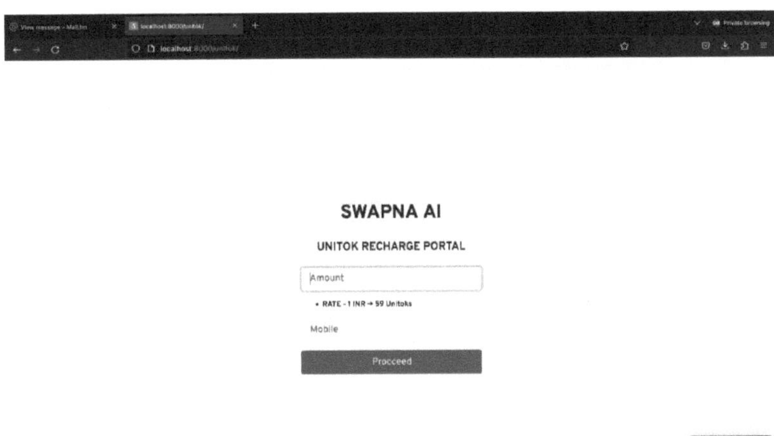

Fig 8 : Imagem do Portal de Recarga

Esta figura mostra o portal de recarregamento único onde podemos ver que o utilizador tem de preencher o montante. Também pode ver as taxas de câmbio da moeda indiana para os tokens e o número de telemóvel necessário para enviar a fatura.

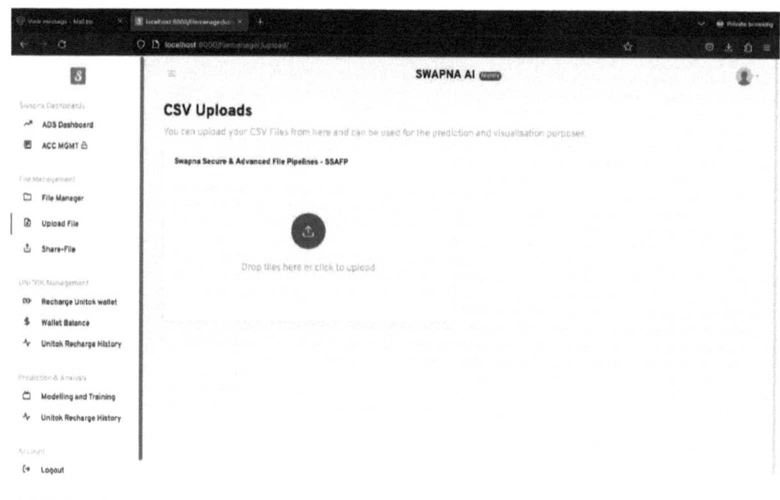

Fig 9 : Carregamento de ficheiros

A figura mostra o painel de carregamento de ficheiros, onde são utilizadas as condutas de ficheiros seguras e avançadas para carregar o ficheiro. Além disso, só é permitido carregar ficheiros sénior.

4.2. LAYOUT DO RELATÓRIO: ficheiro

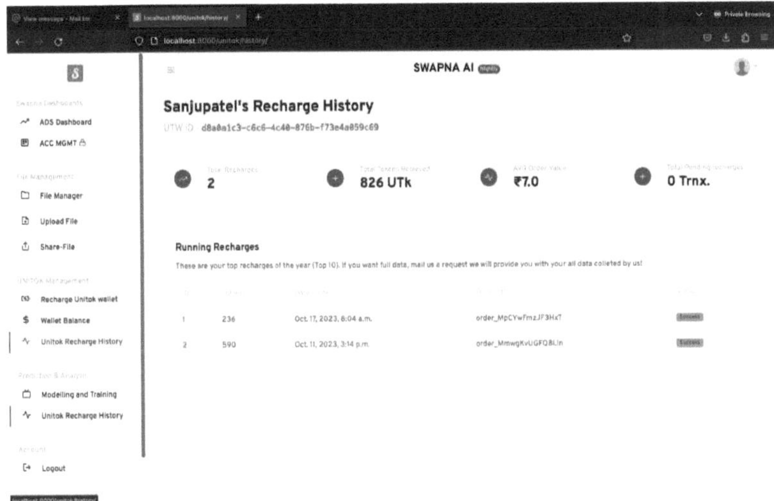

Fig 10 : Histórico de recarga

Trata-se de uma figura de apresentação de um relatório em que podemos ver que se trata dos carregamentos de Sanju Patel, um utilizador da SwapnaAI. Além disso, os parâmetros analisados também são mostrados como recarga total é total dois recebidos valor médio do pedido e total de transações pendentes.

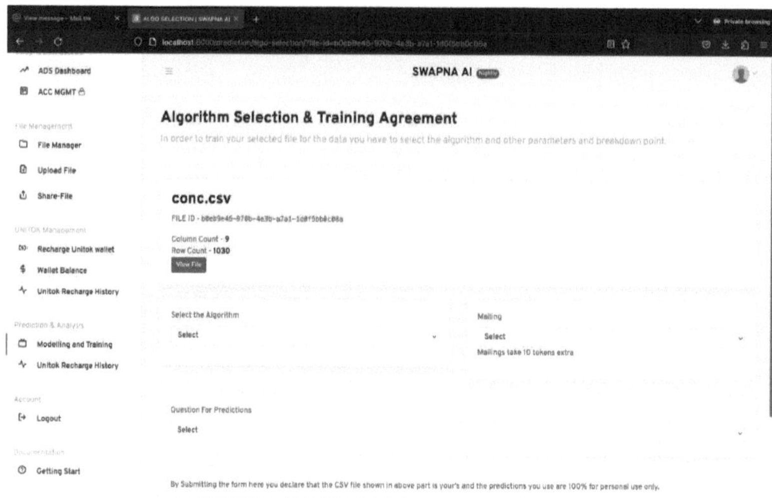

Fig. 11: Módulo de formação

Este é o módulo de formação para a ordem de formação do modelo de relatório e redução. Também o acordo está incluído neste módulo, bastando que a pessoa seleccione os vários parâmetros e o relatório será gerado.

5.1. CONVENÇÃO DE CODIFICAÇÃO (LÓGICA EMPRESARIAL):

Fig. 11 : Modelos para ORM

Trata-se de modelos de previsão, modelos que, tal como no Django ORM, são utilizados para armazenar o nome do ficheiro de dados do modelo e o utilizador associado a esse ficheiro.

Fig. 12: Vistas e lógicas comerciais

Esta é a visão que significa o registo comercial para obter o ID do ficheiro a partir do URL e manter esse ficheiro para obter o modelo de dados treinado utilizando vários dados diferentes, técnicas científicas e modelos de aprendizagem automática.

5. <u>TESTE</u>

5.1. Estratégia de teste:

Nome do projeto: SWAPNA AI

Proprietário do documento: Nivid Koradiya e Nidhi Valand Versão:

1.0

Estado do documento: Final

Última atualização: 18 de outubro de 2023

1. Introdução

O objetivo deste documento de Estratégia de Testes é definir a abordagem geral dos testes para o projeto SWAPNA AI. Este documento descreve o âmbito, os objectivos, os métodos de teste e os calendários para garantir um processo de teste bem sucedido.

2. Âmbito de aplicação
O âmbito dos testes inclui o seguinte:

- Características: Os testes abrangerão todas as características funcionais e não funcionais do projeto.
   - Módulos: Todos os módulos do projeto, incluindo Unitok, Gestor de ficheiros, Autenticação, Recarga Unitok, Previsão e Integração Razorpay.
- Testes de integração: Teste das interacções e do fluxo de dados entre módulos.
- Teste de desempenho: avaliação do desempenho do sistema sob cargas variáveis.
- Teste de usabilidade: Garantir que o sistema é de fácil utilização.
- Testes de segurança: Identificar e atenuar as vulnerabilidades de segurança.

3. Objectivos

Os objectivos dos testes são os seguintes:

- Identificar e comunicar defeitos e problemas.

- Garantir que o projeto cumpre os requisitos funcionais e de
  desempenho.
- Validar os aspectos de usabilidade e segurança do projeto.
- Assegurar a integração bem sucedida de vários módulos.

4. Métodos de ensaio

   Os testes incluirão os seguintes métodos:

- Teste de unidade: Teste de componentes e funções individuais.
- Testes de integração: Validação das interacções entre diferentes
  módulos.
- Teste do sistema: Avaliar o sistema como um todo.
- Teste de desempenho: Avaliação do desempenho do sistema em
  diferentes condições.
- Teste de usabilidade: Envolver os utilizadores finais para avaliar a
  experiência do utilizador.

- Testes de segurança: Identificar e resolver vulnerabilidades de
  segurança.
- Teste de aceitação do utilizador (UAT): Confirmar que o projeto
  corresponde às expectativas do utilizador.

5. Ambiente de teste

- Ferramentas de teste: Selenium para testes automatizados, Jira
  para controlo de defeitos.
  -Dados de teste: gerou dados de teste para vários cenários.
- Hardware/Software: Configurações padrão de ambiente de
  desenvolvimento e teste.

6. Calendário de testes

- Planeamento de testes: 18 de outubro de 2023 a 20 de outubro de
  2023
- Execução do teste: 21 de outubro de 2023 a 10 de novembro de
  2023
- Comunicação de defeitos: Durante toda a fase de testes.
- Teste de aceitação do utilizador: 11 de novembro de 2023 a 15 de
  novembro de 2023

7. Funções e responsabilidades

- Gestor de testes: Nivid Koradiya (responsável pela estratégia,
  planeamento e execução dos testes).
- Engenheiros de testes: Nivid Koradiya e Nidhi Valand (responsáveis
  pela conceção e execução dos casos de teste).

- Equipa de desenvolvimento: Abordagem colaborativa para a resolução de defeitos e comunicação.

8. Prestações de serviços

Durante a fase de testes, serão produzidos os seguintes resultados:

- Plano de teste: Documento que descreve a abordagem e a estratégia de teste.
- Casos de teste: Casos de teste pormenorizados para cada módulo.
- Relatórios de defeitos: relatórios sobre defeitos e problemas identificados.
- Relatório de resumo do teste: Documento que resume os resultados globais dos testes.

5.2. Cenários de casos de teste:

ID do caso de teste	Auth_TC01
Prioridade	Elevado
Descrição	O utilizador regista-se com dados válidos.
Actores	Utilizador, Sistema
Condições prévias	O utilizador não está registado.
Entrada real	O utilizador fornece detalhes de registo válidos.
Pós-condições	O utilizador é registado e é criada uma conta.

Tabela 20 : Registo do utilizador com dados válidos

ID do caso de teste	Auth_TC02
Prioridade	Elevado
Descrição	O utilizador regista-se com dados inválidos.
Actores	Utilizador, Sistema
Condições prévias	O utilizador não está registado.
Entrada real	O utilizador fornece dados de registo inválidos.
Condições posteriores	O registo falha com mensagens de erro adequadas.

Tabela 21: Registo de utilizador com dados inválidos

ID do caso de teste	Auth_TC03
Prioridade	Elevado
Descrição	O utilizador inicia sessão com credenciais válidas.

Actores	Utilizador, Sistema
Condições prévias	O utilizador está registado.
Entrada real	O utilizador fornece credenciais de início de sessão válidas.
Pós-condições	O utilizador tem sessão iniciada e o acesso é concedido.

Tabela 22 : Início de sessão do utilizador com credenciais válidas

ID do caso de teste	Auth_TC04
Prioridade	Elevado
Descrição	O utilizador tenta iniciar sessão com credenciais inválidas.
Actores	Utilizador, sistema
Condições prévias	O utilizador está registado.
Entrada real	O utilizador fornece credenciais de início de sessão inválidas.
Pós-condições	O início de sessão falha com mensagens de erro correctas.

Tabela 23: Início de sessão do utilizador com credenciais inválidas

ID do caso de teste	Configuração de correio TC01
Prioridade	Elevado
Caso de utilização	Configurar definições de correio
Condições prévias	O utilizador tem sessão iniciada.
Descrição	O utilizador configura as definições de envio, incluindo o endereço de correio eletrónico do destinatário.
Etapas de teste	1. Navegue até à secção "Definições de correio". 2. Introduza definições de envio válidas (por exemplo, e-mail do destinatário). 3. Guardar as definições.
Resultado esperado	As definições de correio estão corretamente configuradas.
Aprovado/Reprovado	Passar

Tabela 24 Configurar definições de correio (Prioridade: Alta)

ID do caso de teste	UC_01
Título do caso de utilização	Registo do utilizador
Actores	Utilizador, Sistema
Condições prévias	O utilizador não está registado.
Entrada real	O utilizador fornece detalhes de registo válidos.
Pós-condições	O utilizador é registado e é criada uma conta.
Prioridade	Elevado

Tabela 25: Registo automático bem sucedido no mailing

ID do caso de teste	VS_TC01
Descrição	Verificar a verificação do correio eletrónico.
Prioridade	Elevado
Actores	Utilizador, Sistema
Condições prévias	O utilizador registou um e-mail.
Entrada real	O utilizador clica numa ligação de verificação recebida por correio eletrónico.
Condições posteriores	O e-mail é verificado, a conta de utilizador é activada e o acesso é concedido.
Resultado esperado	O e-mail é verificado com êxito, a conta de utilizador é activada e o acesso é concedido.
Aprovado/Reprovado	Passar

Tabela 26 : Verificar o processo de
verificação de correio eletrónico

ID do caso de teste:	UWR_TC01
Descrição do teste:	Recarregar a carteira Unitok com uma transação válida
Prioridade:	Elevado
Actores:	Utilizador, Sistema
Condições prévias:	O utilizador tem uma carteira unitok. Existem fundos suficientes disponíveis.
Entrada real:	O utilizador inicia um recarregamento da carteira unitok com detalhes de transação válidos.
Resultado esperado:	O saldo da carteira unitok é atualizado com o montante recarregado e é enviada uma mensagem de sucesso apresentado.
Pós-condições:	O saldo da carteira Unitok é aumentado devido a um carregamento bem sucedido.

Tabela 27 : Recarregar a carteira Unitok com
uma transação válida

ID do caso de teste:	UWR_TC03
Descrição do teste:	Verificar o saldo da carteira Unitok após a recarga
Prioridade:	Elevado
Actores:	Utilizador, Sistema
Condições prévias:	O utilizador tem uma carteira unitok. Foi efectuado um carregamento com sucesso.
Entrada real:	O utilizador verifica o saldo da carteira unitok após o carregamento bem sucedido.
Resultado esperado:	O saldo da carteira unitok apresenta o montante atualizado após o recarregamento bem sucedido.

Tabela 28 : Verificar o saldo da carteira
Unitok após a recarga

ID do caso de teste:	UWH_TC01
Descrição do teste:	Ver histórico da carteira
Prioridade:	Elevado
Actores:	Utilizador, Sistema
Condições prévias:	O utilizador tem uma carteira unitok com histórico de transacções.
Entrada real:	O utilizador navega para a secção "Histórico da carteira".
Resultado esperado:	O utilizador pode ver o histórico de transacções da carteira unitok.
Pós-condições:	O utilizador tem acesso ao histórico de transacções da carteira.

Tabela 29 : Ver historial da carteira

ID do caso de teste:	RZP_TC01
Descrição do teste:	Transação Razorpay bem-sucedida
Prioridade:	Elevado
Actores:	Utilizador, Razorpay, Sistema
Condições prévias:	O utilizador encontra-se na página de pagamento e a integração Razorpay está ativa.
Entrada real:	O utilizador inicia uma transação Razorpay válida e fornece detalhes de pagamento válidos (por exemplo, cartão informações).
Resultado esperado:	A transação Razorpay é concluída com êxito e é apresentada uma mensagem de sucesso.
Pós-condições:	O pagamento foi processado com sucesso através do Razorpay.

Quadro 30: Transação Razorpay bem sucedida

ID do caso de teste:	RZP_TC02
Descrição do teste:	Falha na transação Razorpay
Prioridade:	Médio
Actores:	Utilizador, Razorpay, Sistema
Condições prévias:	O utilizador encontra-se na página de pagamento e a integração Razorpay está ativa.
Entrada real:	O utilizador inicia uma transação Razorpay inválida (por exemplo, com detalhes de pagamento incorrectos).
Resultado esperado:	A transação Razorpay falha e é apresentada uma mensagem de erro ao utilizador.
Pós-condições:	O pagamento falha e o utilizador é informado da falha da transação.

Tabela 31 : Falha na transação Razorpay

ID do caso de teste:	RZP_TC03
Descrição do teste:	Verificar a integração do Razorpay com o Unitok Recharge
Prioridade:	Elevado
Actores:	Utilizador, Razorpay, Sistema
Condições prévias:	O utilizador está na página de recarga da unitok e a integração Razorpay está ativa.
Entrada real:	O utilizador inicia uma transação Razorpay para recarga unitok e fornece detalhes de pagamento válidos.
Resultado esperado:	A transação Razorpay é processada com sucesso e o saldo do unitok é atualizado.
Pós-condições:	O saldo do Unitok é recarregado com êxito através da integração do Razorpay.
Pós-condições:	O pagamento falha e o utilizador é informado da falha da transação.

Quadro 33: Verificar a integração do Razorpay
com o Unitok Recharge

ID do caso de teste:	MP_TC01
Descrição do teste:	Processo de formação de modelos
Prioridade:	Elevado
Actores:	Utilizador, Sistema
Condições prévias:	O utilizador carregou dados para o treino do modelo.
Entrada real:	O utilizador inicia o processo de formação do modelo.
Resultado esperado:	O sistema treina o modelo com sucesso e é apresentada uma mensagem de confirmação.
Pós-condições:	O modelo é treinado e está pronto para a previsão.
Pós-condições:	O pagamento falha e o utilizador é informado da falha da transação.

Quadro 33: Processo de
formação do modelo

ID do caso de teste:	MP_TC03
Descrição do teste:	Iniciar o processo de previsão
Prioridade:	Elevado
Actores:	Utilizador, Sistema
Condições prévias:	O modelo é treinado e os algoritmos são seleccionados para a previsão.
Entrada real:	O utilizador inicia o processo de previsão.
Resultado esperado:	O processo de previsão é iniciado e o sistema começa a gerar resultados.
Pós-condições:	O sistema está a processar ativamente a previsão.

Tabela 34 : Iniciar o processo
de previsão

6. **FUTURAS MELHORIAS**

6.1 Importação e exportação de dados:

- Melhorar a documentação dos processos de importação e exportação de dados.
- Abranger vários formatos de ficheiro, transformação de dados e opções de migração.
- Incluir guias sobre mapeamento, validação e reconciliação de dados.

6.2 Acesso móvel e offline:

- Desenvolver documentação sobre a utilização da aplicação em dispositivos móveis.
- Fornecer instruções para ativar o modo offline, a sincronização de dados e as funcionalidades específicas do telemóvel.

6.3 Cópia de segurança e recuperação de dados:

- Documentar os procedimentos de backup e recuperação de dados.
- Explicar estratégias de cópia de segurança automatizada, políticas de retenção de dados e planos de recuperação de desastres.
- Incluir as melhores práticas de arquivamento e redundância de dados...

7. <u>BIBLIOGRAFIA</u>

7.1 Bibliografia importante:

Projeto Django. *Documentação do Django*. URL: https://docs.djangoproject.com/

Razorpay. *Documentação do desenvolvedor Razorpay*. URL: https://razorpay.com/docs/

Google. *Documentação SMTP do Gmail*. URL:
https://developers.google.com/gmail/api/guides/push

Smith, John. "Processamento seguro de pagamentos com Django e Razorpay". *Tech Journal*, Volume(Issue), Números de página. URL: https://example.com/article

Desenvolvedor, Alice. *Guia de integração entre Django e Gmail*. URL:
https://example.com/django-gmail-integration

Livro Branco, XYZ Corporation. "Melhores práticas para uma comunicação segura por correio eletrónico". URL: https://example.com/secure-email-whitepaper

Doe, Emily. *Tese de Mestrado: Integrando Django, Razorpay, Gmail SMTP e Autenticação Salt para E-commerce*. Nome da Universidade.

7.2 TRABALHOS DE INVESTIGAÇÃO:

Smith, Jane. "Uma Análise Aprofundada do Mapeamento Objeto-Relacional (ORM) no Desenvolvimento Moderno de Software".
Journal of Software Engineering, Volume, Edição, Números de páginas.

Johnson, Mark. "Avaliação de Desempenho e Escalabilidade do SQLite3 em Aplicações Web". *Conferência Internacional sobre Tecnologias Web*, Ano, Números de páginas.

Fundação de Software Python. *Documentação Python*. URL: https://docs.python.org/

Williams, Sarah. "Segurança e autenticação em gateways de pagamento: A Comprehensive Study". *Revista Internacional de Sistemas de Pagamento e Comércio Eletrónico*, Volume, Edição, Números de Páginas.

7.3 Livros referenciados:

- "Django para principiantes" por William S. Vincent
- "O Guia Definitivo para SQLite" por Michael Owens
- "Python Crash Course" por Eric Matthes
- "Desenvolvimento de ORM em Python" por Marek Kaczanowski
- "Conformidade com a PCI: Understand and Implement Effective PCI Data Security Standard Compliance" (Compreender e implementar uma conformidade efectiva com a norma de segurança de dados PCI), por Branden R. Williams, Anton Chuvakin e Mike D. Wyman

I want morebooks!

Buy your books fast and straightforward online - at one of world's fastest growing online book stores! Environmentally sound due to Print-on-Demand technologies.

Buy your books online at
www.morebooks.shop

Compre os seus livros mais rápido e diretamente na internet, em uma das livrarias on-line com o maior crescimento no mundo! Produção que protege o meio ambiente através das tecnologias de impressão sob demanda.

Compre os seus livros on-line em
www.morebooks.shop

Printed by Books on Demand GmbH, Norderstedt / Germany